RÉPUBLIQUE FRANÇAISE

MINISTÈRE DE L'AGRICULTURE

ARRÊTÉS

RELATIFS

AU FONCTIONNEMENT FINANCIER

DES

OFFICES AGRICOLES DÉPARTEMENTAUX

ET RÉGIONAUX

PARIS

IMPRIMERIE NATIONALE

1919

ARRÊTÉS

RELATIFS

AU FONCTIONNEMENT FINANCIER

DES

OFFICES AGRICOLES DÉPARTEMENTAUX

ET RÉGIONAUX.

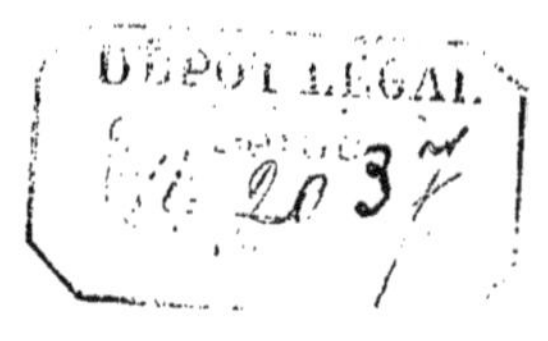

ARRÊTÉ

RELATIF AU FONCTIONNEMENT FINANCIER

DES OFFICES AGRICOLES DÉPARTEMENTAUX.

Le Ministre de l'agriculture et du ravitaillement et le Ministre des finances,

Vu la loi du 6 janvier 1919 instituant des offices agricoles départementaux et régionaux,

Vu les décrets des 25 avril et 18 juin 1919 déterminant les mesures d'exécution de ladite loi,

ARRÊTENT :

TITRE PREMIER.

Dispositions générales.

ART. 1er. Les services financiers de l'office agricole départemental s'exécutent par gestion et par exercice et il en est rendu compte de la même manière.

ART. 2. La gestion comprend toutes les opérations de recettes et de dépenses effectuées dans une même année ou pendant la durée des fonctions du comptable.

ART. 3. Le budget est l'acte par lequel sont prévues et autorisées les dépenses annuelles.

L'exercice est la période d'exécution des services du budget.

Les droits acquis et les services faits du 1er janvier au 31 décembre de l'année qui donne son nom au budget sont seuls considérés comme appartenant à l'exercice de ce budget.

Art. 4. La période d'exécution des services du budget embrasse, outre l'année à laquelle le budget s'applique, des délais complémentaires accordées sur l'année suivante, pour achever les opérations relatives au recouvrement des produits, à la constatation des droits acquis, à la liquidation, au mandatement et au payement des dépenses.

Ces délais, qui constituent la période complémentaire de l'exercice, sont les mêmes que pour les opérations du budget départemental. A l'expiration de ces délais l'exercice est clos.

Art. 5. Aucune dépense ne peut être engagée que par le président du conseil de l'office ou son délégué dans la limite des crédits régulièrement ouverts.

Le président du conseil de l'office est chargé de la liquidation et de l'ordonnancement des dépenses ainsi que de l'établissement et de la transmission à l'agent comptable des titres de recettes.

En cas d'absence ou d'empêchement, il peut déléguer, pour le suppléer, l'un des membres du conseil. La signature du président du comité départemental et de son délégué doivent être accréditées auprès de l'agent comptable.

Art. 6. Le président du conseil de l'office remet à l'agent comptable les titres de rentes, de propriété, baux, contrats, jugements et autres actes établissant les droits de l'office.

Toutes ces pièces sont conservées par l'agent comptable qui les inscrit sur un registre spécial.

Art. 7. Les opérations de recettes et les dépenses sont effectuées par l'agent comptable. Il est chargé seul et sous sa responsabilité, de faire toutes diligences pour assurer la rentrée des revenus et créances, legs et donations et autres ressources de l'office, et de faire procéder contre les débiteurs en retard aux exploits, significations, poursuites et commandements à la requête du président du conseil de l'office. Néanmoins, avant de faire opérer une saisie-arrêt ou une saisie-exécution, il doit en référer au président qui ne peut s'opposer à l'exécution de ces mesures que par un ordre écrit mentionnant l'avis conforme du conseil.

L'agent comptable acquitte, dans la limite des crédits régulièrement ouverts, les dépenses mandatées par le président du conseil de l'office, seul ordonnateur de l'établissement.

Les fonctions d'ordonnateur sont incompatibles avec celles d'agent comptable.

En cas d'absence momentanée, l'agent comptable fait assurer sa gestion pour son compte et sous sa responsabilité, par un mandataire muni d'une procuration régulière. Il doit choisir ce dernier parmi le personnel administratif de l'office et le faire agréer par le conseil et par le préfet.

Art. 8. Les dispositions des lois, décrets et ordonnances concernant les obligations des receveurs communaux et les responsabilités qui s'y rattachent, en particulier celles de l'arrêté consulaire du 19 vendémiaire an XII, relatives au recouvrement des revenus et à la conservation des droits, sont applicables à l'agent comptable.

Une hypothèque légale sur ses biens est attribuée aux droits et créances de l'établissement par application de l'article 2211 du Code civil.

Art. 9. Les fonctions d'agent comptable de l'office sont remplies dans les conditions déterminées par l'article 4 du décret du 18 juin 1919.

Si l'agent comptable est un agent spécial, il doit, avant son entrée en fonctions, verser en garantie de sa gestion un cautionnement dont le montant, qui peut être réalisé en numéraire ou en rentes sur l'État, est fixé par une décision concertée entre les Ministres de l'agriculture et des finances.

Art. 10. Toute personne autre que l'agent comptable qui, sans autorisation légale, s'est ingérée dans le maniement des deniers de l'établissement, est, par ce seul fait, constituée comptable, sans préjudice des poursuites qu'elle encourt, par application de l'article 258 du code pénal, comme s'étant immiscée sans titre dans des fonctions publiques.

Art. 11. L'agent comptable est soumis pour tout ce qui n'est pas prévu au présent arrêté aux mêmes règles que les comptables du Trésor.

TITRE II.

Du budget et des crédits.

Art. 12. Le budget est établi par chapitres, et, s'il y a lieu, par articles, tant pour les dépenses que pour les recettes.

Les dépenses de personnel et celles de matériel doivent faire l'objet de chapitres distincts.

Art. 13. Le projet de budget préparé par le président du conseil de l'office est soumis à ce conseil avec les pièces à l'appui, dans la seconde quinzaine d'octobre.

Après délibération du conseil de l'office et avis de l'office régional, du conseil de l'inspection générale de l'agriculture et du conseil de l'inspection générale du crédit et des associations agricoles subventionnées, il est approuvé par le Ministre de l'agriculture.

Art. 14. Aucun virement de crédit ne peut être effectué entre les divers chapitres sans avoir été voté par le conseil de l'office et approuvé dans les mêmes conditions que le budget.

Art. 15. Chaque année, au mois de mai, l'excédent des recettes, les restes à recouvrer et à payer, les crédits ou portions de crédits non employés pendant l'exercice expiré sont repris dans un budget additionnel. Ce budget, délibéré par le conseil de l'office avant le 31 mai, est soumis aux mêmes avis et à la même approbation que le budget primitif.

Sont compris dans le budget additionnel les crédits destinés à faire face aux dépenses supplémentaires reconnues nécessaires et les ressources affectées au payement de ces dépenses.

Art. 16. Les recouvrements de trop payés, qui sont effectués pendant la durée de l'exercice sur lequel l'ordonnancement a eu lieu, peuvent être rétablis au crédit de l'article qui avait supporté la dépense; il en est de même en ce qui concerne les portions d'avances restées sans emploi.

Le rétablissement de crédit résulte de l'annulation des payements indûment faits, laquelle est opérée par le comptable, sur la demande du président du conseil de l'office, appuyé d'un bordereau indiquant :

1° La date et le numéro, ainsi que le montant du mandat sur lequel porte la restitution;

2° La date, le numéro et le montant de la quittance constatant le reversement.

TITRE III.

Des recettes.

ART. 17. Les recettes de l'office départemental se divisent en recettes ordinaires et en recettes extraordinaires.

Les recettes ordinaires se composent :

1° Des revenus et intérêts des biens, fonds et valeurs appartenant à l'office départemental ;

2° Du produit des dons et legs faits au profit de l'office ;

3° Des subventions qui peuvent lui être accordées par l'État, le département, les communes ou l'office régional, par des personnes ou des associations privées ;

4° Des produits des cessions et locations d'animaux, machines, semences et engrais faites par l'office ;

5° De toutes autres ressources d'un caractère annuel et permanent.

ART. 18. Les recettes extraordinaires comprennent :

1" Les capitaux provenant de l'aliénation des biens et valeurs ;

2" Les capitaux provenant de dons et legs ;

3° Les souscriptions et les subventions ayant une affectation spéciale ;

4° Les prélèvements sur le fonds de réserve ;

5° Toutes autres recettes accidentelles.

ART. 19. Toutes les recettes, de quelque nature qu'elles soient, donnent lieu à la délivrance d'un titre de perception signé par le président du conseil de l'office ou son délégué.

À chaque titre de perception sont jointes, s'il y a lieu, des pièces justificatives des droits de l'office ; ces pièces sont énumérées et détaillées par l'ordonnateur dans le corps du titre.

Les recettes provenant de cessions ou locations faites par l'office donnent lieu à l'établissement, par le président du conseil, d'un bulletin de versement en double expédition. La partie remet l'une de ces expéditions au comptable-deniers, l'autre au comptable-matières dont l'institution est prévue à l'article 86.

ART. 20. L'agent comptable recouvre les divers produits aux échéance déterminées par les titres de perception et émarge les recouvrements sur ces titres.

ART. 21. L'agent comptable délivre des quittances pour toutes les sommes versées à sa caisse ; ces quittances sont extraites d'un journal à souche.

Les quittances à souche sont assujetties au droit de timbre de o fr. 25 à la charge des parties versantes, sauf les exceptions prévues par l'article 20 de la loi du 21 août 1871.

Le prix du timbre s'ajoute de plein droit au montant de la somme due et est soumis au même mode de recouvrement.

ART. 22. S'il existe des restes à recouvrer à la clôture de l'exercice, le président du conseil de l'office soumet l'état de ces créances à l'examen du conseil qui statue :

1° Sur la portion de l'arriéré qu'il y a lieu de reporter à l'exercice suivant ;

2° Sur la portion qui pourra être passée en non-valeur;

3° Sur la portion qui doit être laissée à la charge de l'agent comptable.

L'ordonnateur assure l'exécution de cette décision par un arrêté inséré à la suite de l'état des restes à recouvrer. Au vu de cet arrêté, l'agent comptable déduit du montant des droits constatés de l'exercice expiré l'ensemble des restes à recouvrer de cet exercice et il prend charge, au titre de l'exercice en cours, des sommes qui doivent y être transportées et de celles mises à sa charge personnelle.

TITRE IV.

Des dépenses.

Art. 23. Les dépenses de l'office se divisent en dépenses ordinaires et en dépenses extraordinaires.

Les dépenses ordinaires comprennent :

1° Les frais d'administration (personnel, frais de séjour et de déplacements, matériel, local, contributions, etc.) de l'office;

2° Les subventions à des associations agricoles ou a des particuliers avec affectation déterminée;

3° Les achats et locations d'animaux semences, engrais, machines, fourrages;

4° Les dépenses imprévues.

Art. 24. Les dépenses extraordinaires comprennent :

1° Les frais de premier établissement de l'office et de ses différents services;

2° L'emploi des capitaux provenant de l'aliénation des biens;

3° L'emploi des capitaux provenant des dons et legs:

4° L'emploi des souscriptions et subventions ayant une affectation spéciale;

5° Les versements au fonds de réserve;

6° Toutes autres dépenses d'un caractère accidentel ou temporaire.

Art. 25. Les dépenses visées à l'article 23, § 4, lorsqu'elles dépassent 500 francs, ne peuvent être engagées par le président du conseil de l'office qu'après délibération du conseil l'y autorisant.

Art. 26. Les marchés de travaux, fournitures ou transports au compte de l'office sont soumis aux règles établies par les décrets du 18 novembre 1882 et du 4 juin 1888.

Ces marchés ne peuvent comporter d'acomptes que pour un service fait. En aucun cas, les acomptes ne doivent excéder les neuf dixièmes des droits constatés par pièces régulières présentant le décompte du service.

Art. 27. Aucun payement ne peut être effectué qu'au véritable créancier justifiant de ses droits et pour l'acquittement d'un service fait, sauf les exceptions prévues à l'article 35. La constatation des droits des créanciers résulte des pièces justificatives dûment arrêtées.

Art. 28. Les créances dont les titres ont été produits trop tardivement pour que le mandatement puisse en être fait avant la clôture de l'exercice doivent néanmoins être liquidées et comprises dans les restes à payer de cet exercice.

Art. **29.** L'exercice auquel appartiennent les dépenses énumérées ci-après est détermi-né, savoir :

1° Pour les secours temporaires et éventuels, par la date de la décision accordant le secours;

2° Pour les subventions à des établissements publics, par l'imputation spécifiée dans la décision allouant les subventions;

3° Pour les intérêts à la charge de l'établissement, par l'époque de leur échéance;

4° Pour les condamnations prononcées contre l'établissement, par la date des déci-sions judiciaires, jugements et arrêts définitifs ou de l'acte administratif d'acquiesce-ment à un jugement non définitif;

5° Pour les créances qui font l'objet d'une transaction, par la date de transaction;

6° Pour les fournitures effectuées en vertu des marchés stipulant des formalités de réception définitive, après livraison :

a. Par la date de liquidation, quant aux acomptes payables en cours d'exécution :

b. Par celle de l'accomplissement des formalités précitées, quant aux parfaits payements :

Pour les sommes dues aux entrepreneurs de travaux et dont le payement a été ajourné à titre de retenue de garantie, par la date du certificat de réception définitive;

8° Pour le prix d'acquisition d'immeuble :

a. Lorsqu'il y a eu adjudication publique, par la date du jugement ou du procès-verbal d'adjudication;

b. Lorsqu'il y a eu adjudication amiable ou un accord sur une indemnité d'expro-priation, par la date du contrat;

c. Lorsqu'il y a eu expropriation non suivie de convention amiable ou cession amiable sans accord sur le prix, par la date de l'ordonnance du magistrat directeur du jury dont la délibération a réglé le montant de l'indemnité;

d. Lorsque le titre d'acquisition a stipulé exceptionnellement des termes de paye-ment, par l'époque des échéances;

9° Pour les loyers, par la date du jour qui précède l'échéance de chaque terme;

10° Pour le remboursement de l'agent comptable des frais de poursuites, d'instances et autres dont il a fait l'avance, par la date d'émission des mandats;

11° Pour la restitution des sommes indûment portées en recettes dans le budget de l'établissement, par la date de l'ordonnancement.

Les frais accessoires se rapportent au même exercice que la dépense principale.

Les autres dépenses non spécifiées au présent article appartiennent à l'exercice de l'année pendant laquelle les services ont été effectués.

Art. **30.** Aucune dépense ne peut être acquittée si elle n'a été préalablement man-datée par l'ordonnateur ou par son délégué désigné dans les conditions prévues à l'article 5.

Le mandat énonce l'exercice, le chapitre et l'article auxquels se rapporte la dépense, ainsi que le montant du crédit ouvert, au titre du chapitre et de l'article; il ne peut comprendre qu'une seule créance individuelle ou collective; il indique les pièces justificatives produites à l'appui de la dépense: le montant en est exprimé en chiffres et en toutes lettres et il est daté et signé par l'ordonnateur.

Le mandat contient toutes les indications de noms et de qualités nécessaires pour permettre à l'agent comptable de reconnaître l'identité du créancier.

La partie prenante désignée par le mandat est toujours le créancier réel, c'est-à-dire la personne qui a fait le service, effectué les fournitures et les travaux, ou qui a un droit à exercer contre le comité départemental, sauf toutefois les exceptions prévues à l'article 35.

Il ne peut être émis de mandat au nom du mandataire du créancier, ni au nom du cessionnaire d'une créance. Les mandats délivrés après le décès du créancier, au profit de ses héritiers, ne désignent pas chacun d'eux, mais portent seulement cette indication générale : «M. X . . . . . (les héritiers)».

Chaque mandat porte un numéro d'ordre; la série des numéros d'ordre est unique par exercice.

Art. 31. En cas de perte d'un mandat, il en est délivré un duplicata sur la déclaration motivée de la partie intéressée et d'après l'attestation écrite de l'agent comptable portant que le mandat n'a pas été payé.

La déclaration de perte et l'attestation de non-payement sont jointes au duplicata délivré par le président du conseil de l'office, qui garde des copies certifiées de ces pièces.

Art. 32. Tout mandat de payement doit être appuyé des pièces qui constatent que son effet est d'acquitter en tout ou partie une dette de l'établissement régulièrement justifiée.

En cas de payement à des ayants droit ou à des représentants du titulaire, l'agent comptable doit exiger, sous sa responsabilité et d'après le droit commun, les pièces constatant, selon les cas, les qualités et droits des parties prenantes à donner quittance libératoire pour l'établissement.

Art. 33. Les pièces justificatives de dépenses sont déterminées par nature de service conformément à la nomenclature annexée au règlement du Ministère de l'agriculture et du commerce d'avril 1870.

Elles doivent comprendre en particulier, lorsqu'il s'agit d'objets ou d'animaux achetés en vue de cession ou de location par l'office, le récépissé à souche par le comptable-matières dans les conditions prévues par l'article 86 du présent arrêté.

Les pièces justificatives produites à l'appui d'un mandat doivent être revêtues du visa de l'ordonnateur.

L'usage d'une griffe est interdit pour toute signature à apposer sur les mandats et pièces justificatives.

Art. 34. Les titres produits pour la justification des dépenses, notamment les factures et les mémoires des fournisseurs et des entrepreneurs doivent indiquer la date précise, soit de l'exécution des services ou des travaux, soit de la livraison des fournitures; ils sont totalisés en chiffres et certifiés en toutes lettres, datés et signés par les créanciers et le domicile de ces derniers doit y être indiqué.

L'ordonnateur arrête en toutes lettres le montant de ces pièces. Celles-ci sont établies sur papier timbré; le prix du timbre ne doit pas être ajouté au montant de la créance. Pour les dépenses qui n'excèdent pas 10 francs dans la totalité, la production d'une facture ou d'un mémoire peut être remplacée par le détail des fournitures sur le mandat.

Art. 35. Un agent spécial délégué par le président du conseil de l'office peut être chargé, à titre de régisseur et à charge de rapporter, dans le mois, à l'agent comptable les acquits des créanciers réels et les pièces justificatives, de payer, au moyen d'avances mises à sa disposition, les menues dépenses du conseil; les avances ne peuvent excéder 5oo francs.

Des avances peuvent être faites également aux personnes envoyées en mission, sur la proposition du président du conseil. Le président, en exécution des décisions prises par le conseil, fixe la quotité des avances. Les intéressés doivent produire à l'agent comptable, au plus tard dans le délai d'un mois après leur retour de mission, les acquits des créanciers réels et les pièces justificatives.

Aucune nouvelle avance ne peut, dans les limites prévues aux deux paragraphes ci-dessus, être faite par l'agent comptable qu'autant que les acquits et les pièces justificatives de l'avance précédente lui ont été fournis ou que la portion de cette avance, dont il reste à justifier, a moins d'un mois de date.

Les régisseurs joignent aux pièces et quittances fournies par les parties prenantes un bordereau, en double expédition de ces pièces, qui est, comme elles, soumis à la vérification et au visa de l'ordonnateur. Ce bordereau est transmis à l'agent comptable qui en annexe une expédition au mandat d'avance et remet l'autre expédition, revêtue de sa déclaration de réception, au régisseur.

Art. 36. Pour l'exécution d'un service nommément déterminé et rentrant par son objet dans les attributions des offices agricoles, il peut être accordé par le conseil de l'office aux associations agricoles ou même à de simples particuliers, des subventions avec affectation spéciale. Les bénéficiaires doivent justifier, auprès de l'agent comptable d'un emploi régulier de ces subventions, dans les conditions et délais fixés par la délibération qui en aura décidé l'attribution. Aucune subvention ne pourra être payée à un même bénéficiaire avant justification de l'emploi de la précédente. La remise des justifications et, s'il y a lieu, le reversement du solde non employé, devront être effectués au plus tard le 23 février de l'année qui suivra celle au cours de laquelle la subvention a été versée à la partie prenante.

Art. 37. Le payement de tous les mandats, sans exception, est fait par l'agent comptable.

Art. 38. Avant de procéder au payement, l'agent comptable doit s'assurer, sous sa responsabilité, que toutes les formalités déterminées par les lois et règlements ont été observées, que toutes les justifications sont produites et qu'il n'existe, à ce point de vue, aucune omission ou irrégularité matérielle; enfin que, par sa date et son objet, la dépense constitue une charge de l'exercice sur lequel le mandat est imputé.

Art. 39. L'agent comptable est tenu, sous sa responsabilité, de s'assurer de l'identité des parties prenantes. Tout mandat appuyé de justifications complètes et régulières et qui n'excède pas la limite du crédit sur lequel il doit être imputé, est payable sur la quittance de la partie prenante ou de son représentant, dûment autorisé. La procuration doit être jointe au mandat acquitté.

Art. 40. Le payement des mandats doit être suspendu par l'agent comptable dans les cas suivants :

1° Insuffisance de fonds appartenant à l'établissement;

2° Absence de crédit ou insuffisance de crédit ouvert au budget;

3° Absence de justification du service fait;

4° Opposition dûment signifiée;

5° Difficultés touchant à la validité de la quittance;

6° Omission ou irrégularité matérielle dans les pièces justificatives de la dépense;

7° Non-observation des formalités prescrites par les lois et règlements;

8° Lorsque, par sa date et son objet, la dépense ne constitue pas une charge de l'exercice sur lequel le mandat est imputé.

Art. 41. Les motifs de tout refus de payement doivent être énoncés dans une déclaration écrite, immédiatement délivrée par l'agent comptable au titulaire du mandat.

Si l'ordonnateur requiert par écrit et sous sa responsabilité personnelle qu'il soit passé outre au payement, l'agent comptable y procède immédiatement, et il annexe au mandat, avec une copie de la déclaration, l'original de la réquisition qu'il a reçue.

Le président du conseil de l'office informe le Ministre de l'agriculture des réquisitions qu'il a faites.

Le droit de réquisition accordé à l'ordonnateur ne pourra jamais s'exercer quand le refus de payement de l'agent comptable sera fondé sur l'un des cinq premiers motifs énoncés au précédent article.

Art. 42. Toutes saisies-arrêts ou oppositions sur les sommes dues par l'office, toutes significations de cession ou de transport desdites sommes et toutes autres ayant pour objet d'en arrêter le payement doivent être faites entre les mains de l'agent comptable.

Art. 43. La quittance de la partie prenante est apposée sur le mandat au moment même du payement et en présence de l'agent comptable. Elle est datée et ne doit contenir ni restriction, ni réserve.

Art. 44. Les payements faits à un agent comptable donnent lieu, en outre, à la délivrance d'une quittance à souche ou d'un récépissé à talon qui est annexé au mandat acquitté pour ordre. Lorsqu'il s'agit de payements collectifs, il peut être suppléé aux quittances individuelles des ayants droit par des états d'émargement, dûment certifiés par l'ordonnateur; ces états désignent la personne autorisée à recevoir le montant du mandat et à donner quittance sur ce mandat.

Art. 45. Les reçus, quittances ou décharges sous seing privé émanant des particuliers autres que ceux donnés par l'ordre de la comptabilité sont passibles du droit de timbre gradué établi par la loi du 15 juillet 1914, sauf les exceptions déterminées en exécution des lois par les décisions et instructions du Ministre des finances.

Art. 46. Les imputations de payement reconnues erronées pendant le cours d'un exercice sont rectifiées dans les écritures de l'agent comptable au moyen de certificats de réimputation délivrés par l'ordonnateur. Les changements d'imputation ne sont plus admis dès que le compte de l'agent comptable a été définitivement arrêté.

Art. 47. Les mandats qui ne sont pas présentés au payement avant la clôture de la période complémentaire de l'exercice sont annulés et les dépenses, qui en font l'objet, ne peuvent être acquittées qu'au moyen d'un nouveau mandatement sur l'exercice suivant.

Art. 48. Lors de la clôture de l'exercice, l'agent comptable remet à l'ordonnateur un état détaillé des sommes restant à payer en indiquant la nature de la créance, le nom des créanciers et la somme due; il joint les pièces justificatives des dépenses non acquittées.

Art. 49. Dans le cas exceptionnel où l'office est pourvu d'un agent comptable spécial, celui-ci doit, lorsque des créanciers veulent se faire payer à la caisse d'un trésorier-payeur général ou du caissier central du trésor, adresser à ce comptable un bordereau d'émission correspondant au mandat à payer. Le comptable du trésor effectue le payement sur production des mandats revêtus du «Vu bon à payer» de l'agent comptable de l'office, à qui incombe l'examen préalable des pièces justificatives, le rôle du payeur se bornant à verser les fonds entre les mains de la véritable partie prenante.

Les mandats payés dans ces conditions sont imputés à un compte d'attente dans les écritures de l'agent du trésor. Celui-ci adresse les titres de payement accompagnés d'un bordereau en double expédition à l'agent comptable, qui doit retourner aussitôt l'une des deux expéditions de ce document revêtu de son accusé de réception. Dès qu'il a reconnu la régularité des opérations effectuées, l'agent comptable couvre le comptable-payeur de ses avances au moyen d'un mandat sur le trésor payable à la caisse de ce dernier et qui est délivré par le trésorier-payeur général du département de l'office, soit contre un versement matériel de fonds, soit après un retrait opéré au compte des fonds placés au trésor par l'établissement, dans les conditions indiquées à l'article 51.

TITRE V.

Services hors budget. — Compte courant du trésor.

Art. 50. Indépendamment des recettes et des dépenses à effectuer en exécution du budget, le comptable est chargé de diverses opérations qui sont décrites au moyen de comptes hors budget.

Ces opérations se rapportent aux services ci-après :

1° Les excédents de versement qui comprennent le montant des réductions à opérer sur les recettes effectuées par suite d'erreurs, de dégrèvements ou de double emploi;

2° Les recettes effectuées par anticipation sur des exercices non ouverts;

3° Les sommes mises en dépôt provisoire à divers titres;

4° Les sommes provenant de retenues pour pensions de retraites;

5° Les sommes provenant d'opérations diverses.

Aucun nouveau compte hors budget ne peut être ouvert sans l'autorisation du Ministre de l'agriculture et du Ministre des finances.

Art. 51. Les fonds libres de l'office sont versés au trésor, sans intérêts.

TITRE VI.

Des écritures et comptes de l'ordonnateur et du comptable.

§ 1er. — Écritures de l'ordonnateur.

Art. 52. La comptabilité administrative de l'Office agricole départemental embrasse tout ce qui concerne :

1° La constatation des droits de l'Office et le recouvrement des produits;

2° La liquidation, le mandatement et le payement des dépenses.

Elle est établie par exercice et suivie par le président du conseil de l'Office ordonnateur.

Art. 53. Le président du conseil tient un carnet d'enregistrement des titres de ception qu'il remet à l'agent comptable.
Ce carnet indique :

1° Les droits constatés au profit de l'Office et la désignation du débiteur ;
2° La date du titre de perception ;
3° Le montant de la recette à effectuer ;
4° L'article du budget auquel la recette doit être appliquée ;
5° Les recouvrements opérés d'après les situations fournies mensuellement par ent comptable.

Art. 54. L'exécution du service de la dépense implique la tenue d'un livre journal mandats émis et d'un grand livre.
Les mandats émis sont inscrits au livre journal suivant leur ordre d'émission.
Le grand-livre présente par chapitre ou par article de dépenses :

° Les crédits ;
° Les dépenses engagées ;
° Les droits constatés au profit des créanciers de l'Office ;
° Les mandats délivrés ;
° Les payements effectués à chaque créancier d'après les situations fournies men- lement par l'agent comptable.

Art. 55. Le carnet des titres de perception et le livre journal des mandats émis cotés et paraphés par le préfet.
e président du conseil de l'Office tient, en outre, les livres auxiliaires suivants :

° Un registre des commandes faites aux fournisseurs ;
° Un livre des fonds de l'Office destiné à permettre de suivre la situation des fonds t il peut être fait emploi pour l'acquittement des dépenses.
'Office y est crédité :

) Au 1ᵉʳ janvier de chaque année, du solde du livre précédent à la date du 31 dé- bre ;
) Au commencement de chaque mois, des recouvrements effectués pendant le s précédent, suivant la situation fournie par le comptable en exécution de l'ar- 67.
'Office est débité au même livre, à la fin de chaque journée, du montant des ereaux d'émission de mandats dressés conformément aux prescriptions de l'ar- 68.
la clôture de l'exercice, le montant des mandats restant à payer est annulé ébit.
a balance du livre des fonds de l'Office est arrêtée le dernier jour de chaque ;

° Un carnet des dépôts et retraits de fonds déposés au Trésor par l'Office lorsque onctions de comptable sont exercés par un agent spécial.

Art. 56. La situation de tous les crédits est suivie par l'ordonnateur au moyen e comptabilité sommaire des dépenses engagées. Tous les engagements de dépenses immédiatement inscrits sur un registre comportant un compte distinct pour un des chapitres du budget. Si le montant de la dépense ne peut être exactement déterminé au moment même de son engagement, il est procédé par évaluation et l'inscription ainsi faite au registre est ultérieurement rectifiée dès que le chiffre de la dépense peut être connu.

Les inscriptions faites au registre des dépenses engagées sont datées et numérotées suivant une série annuelle spéciale à chaque chapitre ou à chaque article.

Art. 57. Chaque mois l'ordonnateur transmet au Ministère de l'agriculture l'une des deux expéditions des bordereaux de recouvrements et de payements qui lui sont adressés par le comptable en exécution des articles 67 et 68 du présent arrêté.

§ 2. — Comptes de l'ordonnateur.

Art. 58. Chaque année, au mois de mai, le président du conseil de l'Office ordonnateur, dresse le compte administratif de l'exercice expiré.

Ce compte présente, par colonnes distinctes et dans l'ordre des chapitres et articles du budget :

En recettes :

1° La nature des recettes ;

2° Les évaluations budgétaires ;

3° La fixation définitive des sommes à recouvrer d'après les titres justificatifs ;

4° Les sommes recouvrées jusqu'à la clôture de l'exercice ;

5° Les sommes restant à recouvrer, à reporter à l'exercice suivant ;

6° Les créances irrécouvrables.

En dépenses :

1° La nature des dépenses ;

2° Le montant des crédits ;

3° Le montant des droits constatés au profit des créanciers ;

4° Le montant des sommes payées sur ces crédits jusqu'à la clôture de l'exercice ;

5° Les restes à payer à reporter au budget de l'exercice suivant ;

6° Les crédits ou portions de crédits non employés et qu'il serait nécessaire de reporter.

Art. 59. Le conseil de l'Office délibère au plus tard le 31 mai sur le compte qui lui est présenté par son président ; la délibération est motivée.

Le compte administratif, soumis à l'examen du conseil réuni en assemblée plénière, est accompagné des pièces suivantes :

1° D'un état détaillé des dépenses liquidées, mais dont l'ordonnancement n'a pu être effectué avant le 31 janvier de la deuxième année ;

2° Un état détaillé des dépenses ordonnancées, mais non payées avant la clôture de l'exercice ;

3° Un rapport contenant tous développements et explications nécessaires sur le fonctionnement du service au point de vue financier.

Le compte est ensuite transmis au conseil de l'office régional qui prend une délibération sur ses résultats.

Les délibérations et observations du conseil de l'Office départemental et du conseil de l'Office régional sur les comptes administratifs présentés à leur examen sont adressées au Ministre de l'agriculture avant le 30 juin.

Les comptes, provisoirement arrêtés par le conseil de l'Office départemental sont également envoyés, avant la même date, avec un rapport administratif au Ministre qui les approuve.

Un exemplaire du compte approuvé est joint au compte de gestion de l'agent comptable.

§ 3. Écritures de l'agent comptable.

Art. 60. Le trésorier-payeur général, qui exerce les fonctions d'agent comptable, constate sur le journal et sur le grand-livre qu'il tient en qualité de comptable du Trésor les opérations budgétaires et les opérations hors budget effectuées pour le compte de l'office départemental. Sur ces documents, lesdites opérations sont imputées à un compte de correspondant du Trésor institué « office agricole départemental ». Ce compte comprend trois subdivisions respectivement affectées au budget des deux exercices en cours pendant une même année et aux services hors budget. Au journal et au grand-livre, de même que dans le corps de la balance mensuelle des comptes du grand-livre et sur les résumés mensuels de recettes et de dépenses, les opérations effectuées pour le compte de l'office sont portées en une seule ligne en regard de chacune des trois subdivisions susindiquées. Ces opérations sont inscrites en détail sur les livres auxiliaires mentionnés aux articles 61 et 62; en outre, des tableaux de développement présentent à la balance, par chapitre pour les recettes et dépenses budgétaires, et par compte pour les services hors budget, le montant des recouvrements et des payements effectués.

Art. 61. Pour la description détaillée des opérations budgétaires, le trésorier-payeur général tient par exercice un sommier divisé en deux parties affectées l'une aux recettes, l'autre aux dépenses.

Ces opérations sont enregistrées à leur date audit sommier et classées sous la rubrique de l'article du budget qu'elles intéressent.

Art. 62. Le trésorier-payeur général suit les opérations hors budget à l'aide d'un carnet tenu par année, sur lequel sont portées d'un côté les recettes, de l'autre les dépenses, avec l'imputation de chacune des opérations au compte du service qu'elle concerne.

Le premier article de recette de l'année est formé, pour chaque compte, de l'excédent de recettes de l'année précédente. Les opérations de l'année sont ensuite portées dans l'ordre chronologique sous deux séries spéciales de numéros d'ordre, l'une pour les recettes et l'autre pour les dépenses. A la fin de l'année, la différence entre les recettes et les dépenses de chaque compte doit donner un excédent de recettes, qui forme le dernier article de la dépense et le premier article de recette de l'année suivante au même compte.

Art. 63. Afin de pouvoir suivre la situation des fonds susceptibles d'être employés pour l'acquittement des dépenses, le trésorier-payeur général tient un livre des fonds de l'office dans les conditions indiquées à l'article 55 pour l'ordonnateur.

Art. 64. Lorsque l'office est pourvu d'un agent comptable spécial, celui-ci, outre les livres auxiliaires mentionnés aux articles 61 à 63, tient, par année, un registre à souche pour les recettes et un livre-journal de caisse.

Art. 65. Sur le registre à souche sont inscrites successivement toutes les recettes faites pour le compte de l'office, à quelque titre que ce soit et à quelque exercice qu'elles appartiennent.

La quittance et la souche reçoivent le même numéro d'ordre. Il n'y a qu'un seul registre à souche et qu'une seule série de numéros pour chaque année, du 1er janvier au 31 décembre.

La quittance doit reproduire très fidèlement toutes les indications inscrites sur la souche.

Le registre à souche est additionné chaque jour, les totaux journaliers doivent s'ajouter de manière à présenter toujours le total des recettes depuis le 1er janvier.

Art. 66. Le livre-journal de caisse présente d'un côté au débit chacune des recettes, de l'autre côté au crédit chacune des dépenses qui ont été effectuées au 1er janvier au 31 décembre.

Les articles du journal de caisse reçoivent, pour chaque année, des séries de numéros d'ordre non interrompues, l'une pour les recettes, l'autre pour les dépenses. Les numéros des recettes et les dates d'inscription sont ceux du registre à souche.

Le solde en caisse de l'année précédente forme le premier article de la recette, mais ne porte pas de numéro d'ordre. Le solde en fin d'année forme le dernier article de la dépense, de sorte qu'au 31 décembre, la colonne du débit et celle du crédit présentent des totaux exactement semblables.

Art. 67. L'agent comptable de l'office départemental, qu'il s'agisse d'un trésorier-payeur général ou d'un comptable spécial, établit les documents périodiques mentionnés au présent article ainsi qu'aux articles 68 et 69 ci après.

Il dresse chaque mois, et pour chaque exercice, une situation sommaire par chapitre et par article du budget des recouvrements effectués pendant le mois précédent. Cette situation est envoyée au président du conseil en double expédition. Le comptable arrête, du 20 février de la deuxième année de l'exercice, la situation des recouvrements opérés sur les titres de perception. Il établit et adresse au président du conseil un état de restes à recouvrer à la même date.

Art. 68. Dans les dix premiers jours de chaque mois, l'agent comptable remet en double expédition au président du conseil de l'office, pour chaque exercice, des bordereaux sommaires, par chapitre et par article, des payements effectués pendant le mois précédent, en y comprenant les changements d'imputation opérés sur les payements antérieurs.

Lors de la clôture de chaque exercice, le comptable fournit à l'ordonnateur, en double expédition, un bordereau détaillé des restes à payer indiquant la nature des créances, les noms des créanciers et la somme due à chacun d'eux. A cet état sont jointes les pièces justificatives des dépenses non acquittées.

Art. 69. A la date du 31 décembre ou au dernier jour de sa gestion, en cas de mutation pendant l'année, le comptable établit, d'après ses écritures qu'il arrête en toutes lettres, une situation donnant le solde des fonds appartenant à l'Office. Cette situation est vérifiée par le conseil; il en est adressé une expédition certifiée par l'ordonnateur à la Cour des comptes et, lorsque l'agent comptable est un trésorier-payeur général, au Ministre des finances.

Art. 70. Le président du conseil de l'Office, lorsque celui-ci est pourvu d'un agent comptable spécial, dresse, au 31 décembre et à la date de la cessation des fonctions de ce dernier, un procès-verbal des valeurs de caisse et de portefeuille de l'établissement, ainsi qu'une situation des propriétés foncières, rentes et créances composant son actif.

En outre, le président du conseil vérifie la caisse de l'agent comptable au moins une fois par trimestre. Il arrête les écritures et inscrit le résultat de sa vérification sur le livre-journal de caisse.

Quand les fonctions d'agent comptable sont exercées par un trésorier-payeur général, l'ordonnateur se borne à établir, le 31 décembre de chaque année ou à l'époque de la cessation des fonctions du comptable, un procès-verbal des titres ou valeurs de l'office et une situation de son actif.

Pour procéder aux vérifications susindiquées, ainsi qu'à l'établissement des documents visés au présent article, le président du conseil peut se faire suppléer par un membre du conseil spécialement désigné à cet effet.

§ 4. Comptes de l'agent comptable.

Art. 71. Le compte de gestion de l'agent comptable est remis, avant le 15 mai, au président du conseil de l'office pour être soumis à l'examen de ce conseil.

Le compte de gestion indique la distinction par exercice des faits de recettes et de dépenses. Il est établi en trois expéditions : l'une est conservée par le comptable, l'autre par le président du conseil et la troisième déposée au greffe de la Cour des comptes, avec les pièces justificatives à l'appui, dans le courant du mois de septembre qui suit la clôture de l'exercice. Cette dernière expédition est visée par le Ministre de l'agriculture s'il s'agit d'un comptable spécial, et par le directeur général de la comptabilité publique du Ministère des finances si le compte est rendu par un trésorier-payeur général.

Art. 72. Le compte de gestion rendu par l'agent comptable présente :

1° La situation de l'agent comptable envers l'établissement au 1er janvier de l'année;

2° Le rappel des opérations complémentaires effectuées, au titre de l'exercice précédent, du 1er janvier au 20 février de l'année pour laquelle le compte est rendu;

3° Le développement des autres opérations de toute nature, en recettes et en dépenses, effectuées pendant la même année avec distinction des opérations budgétaires et des opérations hors budget;

4° La situation de l'agent comptable envers l'établissement au 31 décembre de la même année.

Art. 73. L'agent comptable établit le compte des opérations complémentaires de chaque exercice aussitôt après la clôture, et comprend le développement distinct de ces opérations en recettes et en dépenses, appuyées de leurs justifications, dans le même document que le compte des opérations des douze premiers mois auxquelles elles sont réunies pour présenter, au moyen du rappel de la situation finale de l'exercice antérieur, des résultats à comparer avec ceux du compte rendu par l'ordonnateur

Art. 74. Le compte de l'agent comptable présente par colonnes distinctes et dans l'ordre du budget :

En recettes :

1° La nature des recettes;

2° Le montant des produits d'après les titres de perception;

3° Les sommes recouvrées pendant la première année de l'exercice et pendant les mois complémentaires;

4° Les sommes restant à recouvrer, à reporter au budget de l'exercice suivant;

En dépenses :

1° Les articles de dépenses du budget ;

2° Le montant des crédits ;

3° Le montant des sommes payées sur ces crédits, soit dans la première année de l'exercice, soit dans les mois complémentaires ;

4° Les restes à payer à reporter au budget de l'exercice suivant ;

5° Les crédits ou portions de crédits non employés et qu'il serait nécessaire de reporter.

ART. 75. Chaque agent comptable n'est responsable que de sa gestion personnelle. En cas de mutation, le compte de l'année est divisé suivant la durée de la gestion des différents titulaires, et chacun d'eux rend séparément le compte des opérations qui le concernent.

ART. 76. Le compte de chaque agent comptable est appuyé des pièces justificatives afférentes aux faits de recettes et de dépenses qu'il doit décrire dans son compte.

ART. 77. Les opérations de chacun des agents comptables en fonctions au cours d'un même exercice sont rappelées au compte de l'agent comptable en fonctions à la fin de l'exercice.

ART. 78. Le compte de gestion est affirmé sincère et véritable; il est daté et signé par l'agent comptable ou par ses ayants cause.

ART. 79. L'agent comptable joint à l'appui de son compte les pièces ci-après :

1° La situation des fonds de l'établissement établie suivant les prescriptions de l'article 69 ;

2° Le procès-verbal des valeurs de caisse et de portefeuille dressé conformément à l'article 70 :

3° Un exemplaire du budget primitif et du budget additionnel ;

4° L'état des propriétés foncières, des rentes et créances composant l'actif de l'office ;

5° L'état détaillé des dettes à la clôture de l'exercice :

6° Le bordereau sommaire des adjudications et marchés passés pendant l'année pour les fournitures et travaux ;

7° Copie de la délibération prise par le conseil de l'office relativement au compte de gestion ;

8° Une expédition certifiée au compte de l'ordonnateur.

ART. 80. Indépendamment des pièces principales indiquées ci-dessus, l'agent comptable produit les pièces justificatives de recettes et de dépenses renfermées dans des bordereaux détaillés et distincts par chapitres et articles.

Les opérations des services hors budget sont justifiées de la même manière.

ART. 81. Un bordereau récapitulatif de toutes les pièces produites est dressé par l'agent comptable et joint au compte de gestion.

ART. 82. L'arrêt rendu par la cour des comptes sur le compte de l'agent comptable de l'office lui est immédiatement notifié par le greffier en chef de la cour.

Une autre expédition est transmise au président ordonnateur par l'intermédiaire du Ministre de l'agriculture s'il s'agit d'un comptable spécial, et du Ministre des finances si le comptable est un trésorier-payeur général.

Des accusés de réception sont adressés à la cour dans la quinzaine de la notification.

ART. 83. Les injonctions que ledit arrêt impose à l'agent comptable doivent être exécutées dans le délai de deux mois à partir du jour de la notification.

Les pièces et les explications destinées à satisfaire aux injonctions sont adressées à la cour. Elles sont accompagnées d'un état présentant dans des colonnes distinctes :

1° La copie textuelle des injonctions ;

2° Les réponses ou explications de l'agent comptable et l'indication des pièces produites.

ART. 84. Tout agent comptable, nouvellement nommé, doit joindre à l'appui de son premier compte de gestion les expéditions certifiées par le président ordonnateur de l'acte qui l'a nommé, de l'acte de prestation de serment et du certificat de l'inscription de son cautionnement.

ART. 85. Lorsque l'agent comptable demande le remboursement de son cautionnement, il doit justifier de sa libération par un certificat du président ordonnateur sans préjudice des autres pièces exigées par le règlement du Ministère des finances, en date du 26 décembre 1866.

ART. 86. Les machines, animaux, semences, engrais acquis par l'Office en vue de leur cession ou location donnent lieu à la tenue d'une comptabilité-matières dont est chargé un agent comptable spécial désigné par le conseil et responsable des opérations.

Cet agent est placé sous le contrôle de l'inspection générale et du trésorier général. Il prend charge, en quantité et en valeur, du matériel, des animaux et denrées, la valeur étant déterminée d'après le prix d'achat et les frais de transport au moyen d'un bordereau certifié par le président du conseil de l'Office et le trésorier général. Le récépissé à souche délivré par l'agent comptable pour constatation de cette prise en charge doit être produit par le vendeur avec les pièces destinées à permettre la liquidation de sa créance et joint au mandat émis à son profit.

ART. 87. L'agent comptable matières ne doit procéder à la livraison des objets ou animaux cédés par l'office qu'au vu du récépissé de la Trésorerie générale constatant l'encaissement du prix et que contre remise d'un double du bulletin de versement établi par le président du conseil de l'office. Ces objets ou animaux sont portés en sortie dans les écritures du comptable matières pour le montant du prix de cession avec l'indication, s'il y a lieu, de la différence entre le prix et la valeur de l'entrée correspondante.

ART. 88. L'agent comptable deniers tient un relevé spécial des entrées et des sorties de marchandises qu'il rapproche, toutes les fois qu'il le juge utile, des écritures de l'agent comptable matières.

ART. 89. Chaque fois que le conseil de l'office le juge nécessaire et, obligatoirement en fin d'année, une commission nommée par le conseil dresse, en présence de l'agent comptable matières, un inventaire des objets et animaux détenus par l'office.

Cet inventaire est certifié exact par les membres de la commission et par le président du conseil de l'office.

Les déchets ou manquants constatés par l'inventaire font l'objet d'une délibération du conseil qui engage ou met hors de cause, suivant le cas, la responsabilité de l'agent comptable.

Art. 90. En fin d'année, l'agent comptable matières dresse le compte de ses opérations.

Ce document est transmis au comptable en deniers qui s'assure, sous sa responsabilité, de la concordance avec le relevé spécial établi par ses soins et l'annexe à son compte de gestion avec une expédition de l'inventaire et une copie de la délibération prise par le conseil comme il est prévu au dernier alinéa de l'article précédent.

En cas d'irrégularités constatées, le comptable en deniers en provoque la régularisation auprès du président du conseil de l'office.

Art. 91. Les dispositions du présent arrêté auront leur effet à dater de ce jour.

Fait à Paris, le   août 1919.

Le Ministre de l'Agriculture et du Ravitaillement,

J. NOULENS..

Le Ministre des Finances,

KLOTZ.

ARRÊTÉ

RELATIF AU FONCTIONNEMENT FINANCIER

DES OFFICES AGRICOLES RÉGIONAUX.

Le Ministre de l'agriculture et du ravitaillement et le Ministre des finances,

Vu la loi du 6 janvier 1919, instituant des offices agricoles départementaux et régionaux;

Vu les décrets des 25 avril et 18 juin 1919, déterminant les mesures d'exécution de ladite loi,

ARRÊTENT :

ART. 1er. Les règles déterminées par l'arrêté des Ministres de l'agriculture et des finances en date du   août 1919 pour le fonctionnement des services financiers des offices agricoles départementaux, s'appliquent aux offices agricoles régionaux avec les seules modifications indiquées aux articles ci-après.

ART. 2. Le président du conseil de l'office régional exercera auprès de cet organisme les mêmes attributions que le président du conseil de l'office départemental auprès dudit office. Il remplira notamment les fonctions d'ordonnateur.

Aucune dépense ne pourra être engagée que par le président du conseil de l'office régional et dans la limite des crédits régulièrement inscrits au budget. Le président du conseil de l'office régional sera seul chargé de la liquidation et de l'ordonnancement des dépenses, ainsi que de l'établissement et de la transmission des titres de recettes à l'agent comptable.

ART. 3. Les fonctions d'agent comptable de l'office régional sont exercées par le trésorier-payeur général du département où l'office a son siège. Toutefois, à titre exceptionnel, lorsque les opérations d'un office régional prendront une importance particulière, un agent comptable spécial pourra être nommé par décret rendu sur la proposition des Ministres de l'agriculture et des finances, après avis du conseil de cet office. Le cautionnement et le traitement de l'agent comptable spécial seront fixés dans les mêmes formes.

ART. 4. Le projet de budget préparé par le président du conseil de l'office régional sera soumis à ce conseil, avec les pièces à l'appui, dans la seconde quinzaine d'octobre.

Ce projet de budget, délibéré par le conseil de l'office, sera soumis à l'approbation du Ministre de l'agriculture après avis du conseil de l'inspection générale de l'agriculture et du conseil du crédit et des associations agricoles subventionnées.

Le projet de budget additionnel délibéré avant le 31 mai de chaque année sera soumis aux mêmes avis et à la même approbation que le budget primitif.

ART. 5. Le trésorier-payeur général qui exerce les fonctions d'agent comptable constate sur le journal et sur le grand-livre qu'il tient en qualité de comptable du

Trésor les opérations budgétaires et les opérations hors budget effectuées pour le compte de l'office régional. Sur ces documents lesdites opérations sont imputées à un compte de correspondants du Trésor intitulé «Office agricole régional». Ce compte comprend trois subdivisions respectivement affectées au budget des deux exercices en cours pendant une même année et aux services hors budget.

Art. 6. L'agent comptable de l'office régional doit se conformer, pour l'exécution des opérations afférentes à sa gestion, aux dispositions de l'arrêté du   août 1919, concernant la comptabilité des offices agricoles départementaux.

Quand les fonctions d'agent comptable sont remplies par un trésorier général, l'ordonnateur se borne à établir un procès-verbal des titres ou valeurs de l'office et une situation de son actif.

Art. 7. Il est dressé par l'ordonnateur, au 31 décembre, un procès-verbal des valeurs de caisse et de portefeuille de l'office régional, lorsque les fonctions de comptable sont exercées par un agent comptable spécial, ainsi qu'une situation des propriétés foncières, rentes et créances composant son actif.

Art. 8. Le compte administratif du président du conseil de l'office régional devra être soumis à ce conseil avant le 15 mai de chaque année. Le conseil en délibérera avant le 31 mai.

Ce compte, avec ladite délibération, les pièces justificatives et un rapport administratif sera soumis, avant le 30 juin, à l'approbation du Ministre de l'agriculture.

Art. 9. Le compte de gestion de l'agent comptable de l'office régional doit être soumis, avant le 15 mai, à l'examen du conseil de l'office. Il est transmis dans les même délais que le compte administratif.

Fait à Paris, le   août 1919.

Le Ministre de l'Agriculture et du Ravitaillement.

J. NOULENS.

Le Ministre des Finances,

KLOTZ.